COUP DE SOLEIL

COMÉDIE EN UN ACTE

PAR MM.

ALBÉRIC SECOND & THÉODORE DE GRAVE

PARIS
TRESSE & STOCK, ÉDITEURS
8, 9, 10, 11, GALERIE DU THÉATRE-FRANÇAIS
PALAIS-ROYAL

—

1886

COUP DE SOLEIL

COMÉDIE EN UN ACTE

Représentée pour la première fois, à Paris, sur le théâtre national de l'Odéon,
le 28 octobre 1885.

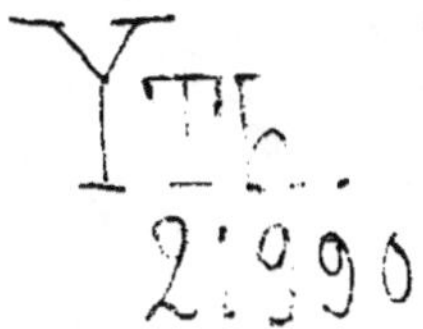

IMPRIMERIE GÉNÉRALE DE CHATILLON-SUR-SEINE, A. PICHAT.

ALBÉRIC SECOND & THÉODORE DE GRAVE

COUP DE SOLEIL

COMÉDIE EN UN ACTE

PARIS
TRESSE & STOCK, ÉDITEURS
GALERIE DU THÉATRE-FRANÇAIS
PALAIS-ROYAL

1886

PERSONNAGES

LE COMTE RÉGOR..........................	MM.	CHELLES.
OSCAR DESPRUNIERS......		DUARD.
LA BARONNE DE LIVRAY......	Mmes	RÉGIS.
BERTHE, sa fille.......		CERNY.
JENNY, femme de chambre....................		NOÉMIE.

Pour la mise en scène détaillée, s'adresser à M. FOUCAULT, régisseur à l'Odéon.

COUP DE SOLEIL

Un salon élégant. — Porte au fond, portes à droite et à gauche. — A droite, cheminée. — A gauche, piano. — Au milieu du théâtre, une table avec journaux et boîte à ouvrage. — Près de la cheminée, grand fauteuil d'un autre style que le reste du mobilier.

SCÈNE PREMIÈRE

LA BARONNE, JENNY.

JENNY, entrant à gauche.

Madame la baronne reçoit-elle?

LA BARONNE, devant la cheminée, achève de boutonner ses gants.

Non; je sors. Qui est là?

JENNY.

M. le comte Régor.

LA BARONNE.

Le comte est mieux qu'un visiteur ordinaire. Pour lui ma porte n'est jamais close.

JENNY, parlant à la cantonade.

M. le comte peut entrer.

Le comte entre; Jenny sort.

SCÈNE II

LE COMTE, LA BARONNE.

LE COMTE.

Qu'ai-je entendu? Vous sortez, chère baronne?

LA BARONNE.

Mon Dieu, oui... A l'instant même.

LE COMTE.

Ce n'est pas aimable à vous de partir au moment précis où j'arrive. Vous me donnerez bien un petit, un tout petit quart d'heure.

LA BARONNE.

Pas seulement cinq minutes; je serais en retard.

LE COMTE.

Un rendez-vous, alors?

LA BARONNE.

Précisément... Un rendez-vous.

LE COMTE.

Eh bien! quand il vous attendrait un peu...

LA BARONNE.

Vous dites des sottises, mon cher comte. C'est d'un rendez-vous d'affaires qu'il s'agit.

LE COMTE.

Ne peut-on connaître?...

LA BARONNE.

Soyez patient; vous serez instruit le premier.

LE COMTE.

Contre-temps déplorable! Je m'étais promis une longue

station dans ce vieux fauteuil où j'aime à me reposer lorsque je me sens fatigué des autres et de moi-même.

LA BARONNE.

Sans reproche, il y a un siècle qu'on ne vous y a aperçu. D'où sortez-vous?

LE COMTE.

J'ai passé l'hiver à Nice.

LA BARONNE.

Et à Monte-Carlo aussi, je suppose.

LE COMTE.

Parbleu! ce n'est pas sans intention perfide que le diable a fait Monte-Carlo si voisin de Nice!

LA BARONNE.

Votre neveu était-il du voyage?

LE COMTE.

Gaston? un des sept sages de Paris! Tandis que l'oncle cherchait des séries à la noire, le neveu était reçu docteur en droit avec une pluie de boules blanches... Allons! baronne... Laissez-vous attendrir. (Désignant le fauteuil.) Voyez comme il me tend les bras.

LA BARONNE.

Rien que je sache ne vous empêche de vous y précipiter.

LE COMTE.

Serez-vous longtemps dehors?

LA BARONNE.

C'est possible.

LE COMTE.

Que ferai-je en votre absence? je lirai le journal... Et après?

LA BARONNE.

Ma fille vous tiendra compagnie.

LE COMTE.

Berthe?

LA BARONNE.

Sans doute.

LE COMTE.

Et nous jouerons à la poupée... Ce sera délicieux.

LA BARONNE.

Berthe ne joue plus à la poupée, mon ami. L'ayant vue naitre, ne l'ayant pas suivie dans ses transformations diverses, vous la traitez en petite fille, en quoi vous avez tort. Et ce tort, vous le confesserez le jour où vous lui ferez l'honneur de causer avec elle.

LE COMTE.

On cause donc avec Berthe?... De quoi pourrai-je causer avec cette fillette?

LA BARONNE.

Je vous répète que vous aurez affaire à une grande demoiselle.

LE COMTE.

Elle est donc près de vous aujourd'hui?

LA BARONNE.

Sa maitresse de pension lui a donné congé.

LE COMTE.

Ah! oui... pour une semaine... Les vacances de Pâques.

LA BARONNE.

Un congé définitif. Son éducation est terminée.

LE COMTE.

Déjà!

LA BARONNE.

Vous cesserez de vous étonner, si vous réfléchissez que Berthe va sur ses dix-huit ans. Oh! il est certain que vous ne la reconnaîtriez pas. Sachez donc, mon ami, que ma fille est devenue charmante en grandissant... Je parle surtout de ses qualités morales... La chère petite! si douce! si aimante! Et quelle âme fière! Quel cœur droit! Toutes les belles et nobles qualités de son père! Elle va bientôt s'acheminer dans la vie... Mon pauvre Raymond n'étant plus là pour la guider, c'est à moi de veiller à ce que la route soit toujours belle pour la chère voyageuse... Mais je m'attarde... je m'attarde... Au revoir donc... vous êtes le maître du logis et je vous confie mon enfant... Votre ami continue à vous tendre les bras... Ne soyez pas sourd à son appel.

Elle sort à gauche.

SCÈNE III

LE COMTE, s'asseyant dans le grand fauteuil.

Certes, oui, tu es un ami, et il y a beau temps que nous faisons commerce d'amitié... Si tu es encore là, si j'ai plaidé et gagné ta cause le jour où les caprices de la mode te condamnaient à l'exil, c'est que tu me rappelles mon cher compagnon, Raymond de Livray, tombé sous mes yeux, à Champigny, il y a trois ans, en plein bonheur, en pleine jeunesse. (Il se lève.) Ah! les balles ne sont pas seulement cruelles! Elles sont stupides et aveugles. . Il est mort, lui, laissant dans le deuil et les larmes une veuve et une orpheline et je n'ai pas eu une égratignure, moi, son aîné, que personne n'eût pleuré! « Vous savez, messieurs, Régor ne taillera plus de banques! » eût-on dit à mon cercle. « Vous savez, mesdemoiselles, le comte ne vous offrira plus d'écrevisses bordelaises, » eût-on dit dans les coulisses de l'Opéra. (Il prend un journal sur la table.) Telle eût été mon oraison funèbre... Et je peux bien l'avouer, parlant à ma personne, je ne l'eusse pas volée!

Il se rassied et lit le journal.

SCÈNE IV

BERTHE, entrant par le fond, LE COMTE.

BERTHE.

Mais où sont-elles, mes perles d'or? (Elle cherche sur le piano, en se retournant, elle aperçoit le comte.) Comment! vous êtes là et on ne m'a pas prévenue!

LE COMTE.

Mademoiselle... (Se levant.) Ah! c'est vous, Berthe!

BERTHE.

On dirait que vous avez hésité à me reconnaître.

LE COMTE.

Qui dirait cela ne s'éloignerait pas sensiblement de la vérité.

BERTHE.

Je suis donc très changée depuis que vous ne m'avez vue?

LE COMTE.

Extrêmement changée.

BERTHE.

En bien, ou en mal? Soyez franc.

LE COMTE.

Je serai brutal... En très bien.

BERTHE.

Elle ne me déplaît pas du tout, votre brutalité... Maman vous a donc faussé compagnie?

LE COMTE.

Oui, un rendez-vous... une affaire urgente.

BERTHE, gravement.

Je sais ce que c'est.

LE COMTE.

Madame de Livray vous a mise sous ma garde, m'élevant ainsi à la dignité de père de famille.

BERTHE.

Mission pas toujours agréable à remplir... Et vous avez accepté, vous, un célibataire... Un célibataire... Je cherche l'épithète...

LE COMTE.

Je vous en offre deux : blindé et cuirassé.

BERTHE.

Eh bien ! monsieur le blindé, cuirassé, je suis curieuse d'assister à vos débuts dans ce grave personnage. (Ouvrant la boîte sur la table.) Impossible de mettre la main sur mes perles ! (Au comte qui s'est rassis et lit le journal.) Je vous en prie, ne prenez donc pas la peine de les chercher.

LE COMTE, sans se déranger.

Vous voyez... La peine n'est pas grande.

BERTHE.

Est-il permis de vous adresser une question ? Je vous préviens : Si vous ne permettez pas, on se passera de la permission.

LE COMTE.

Interrogez donc... On répondra, ou on ne répondra pas... c'est selon.

BERTHE.

Je m'étonne qu'à votre âge vous soyez réduit à jouer les pères de famille honoraires. Pourtant, vous avez été jeune, comme tout le monde... A quoi avez-vous employé votre jeunesse ?

LE COMTE.

A quoi j'ai employé ?... Ça, mademoiselle, c'est le mur de la vie privée. La prudence défend de le franchir. Derrière, c'est plein de pièges à loups... Sachez seulement que je l'ai semée tout le long des chemins, ma jeunesse... Et vous, chère questionneuse, que faites-vous de la vôtre?

BERTHE.

Je m'en sers tous les jours.

LE COMTE.

N'en soyez pas trop prodigue; autrement, il ne vous en restera plus quand vous serez vieille.

BERTHE.

Qu'importe? N'est-ce pas la saison où on en a le moins besoin?

LE COMTE.

Tout au contraire... Car c'est le temps où on en manque le plus. Croyez-moi, mon enfant, faites des économies de jeunesse.

BERTHE.

A vous entendre, on croirait que vous êtes ruiné, monsieur le comte.

LE COMTE.

Oh! ruiné, c'est trop dire... On a encore de petites rentes, Dieu merci.

BERTHE, *cherchant sur la cheminée.*

Perles maudites! où sont-elles? Les auriez-vous cachées? Mais, que dis-je? Vous ne faites pas de ces plaisanteries-là... Vous êtes un homme sérieux... un homme politique... (*Avec dépit.*) Il est donc bien intéressant, votre canard?

LE COMTE.

Mon canard!

BERTHE.

Eh! oui... ce journal qui vous absorbe... On ne disait donc pas canard, de votre temps?

LE COMTE, se levant.

De mon temps! De mon temps!... Croyez-vous que je date du déluge?

BERTHE.

Oh! pas tout à fait... N'exagérons pas.

LE COMTE.

Enfin, quel âge me donnez-vous?

BERTHE.

Mais je vous donne... cinquante ans.

LE COMTE.

Quarante-neuf mademoiselle... Quarante-neuf! Et encore... En comptant bien...

Il se rassied.

BERTHE.

Allons! vous voilà replongé dans votre journal... Vous entendez : j'ai dit journal... Je n'ai pas dit canard. Vous aurais-je fait de la peine? Si vous êtes fâché, grondez-moi. Vos sévérités me seront moins dures que votre silence.

LE COMTE.

Ma chère Berthe, il ne faut pas dire ainsi tout haut ce qu'on pense tout bas. Si je vous fais l'effet de Mathusalem, gardez cette opinion pour vous.

BERTHE.

Et puis?

LE COMTE.

C'est tout.

BERTHE.

Il n'est ni bien long, ni bien méchant votre sermon monsieur le curé.

LE COMTE, se levant.

Tâchez au moins qu'il vous profite, mon enfant.

BERTHE.

Et voilà la paix signée?

LE COMTE.

Des deux mains.

BERTHE.

Et vous consentez à m'aimer, malgré ma provision de défauts?

LE COMTE.

Comment n'aimerais-je pas la fille de mon cher Raymond de Livray!

BERTHE.

Pauvre père!... Il fut votre ami.

LE COMTE.

Le meilleur... Je pourrais dire le seul. Et cette amitié loyale, dévouée... Telle que nous la comprenions et la pratiquions... de mon temps... ne s'est jamais démentie pour lui... Jamais elle ne se démentira pour les siens.

BERTHE.

Ah! vous êtes un noble cœur! Laissez-moi vous embrasser comme je vous aime. (Elle l'embrasse; changeant de ton.) Ah! ma pauvre Berthe, que tu es sotte!

LE COMTE.

Quoi donc?

BERTHE.

Mes perles d'or...

LE COMTE.

Eh bien!...

BERTHE.

Je me souviens... Elles sont dans ma chambre... Sur la cheminée... derrière la pendule!

Elle sort en courant à droite.

SCÈNE V

LE COMTE, puis JENNY.

LE COMTE.

Sa mère a raison... On cause avec elle... à bâtons rompus, par exemple! C'est égal, ce gai babil, ce caquetage d'oiseau perché, ces taquineries jeunes et folles ont ravi mes oreilles et mon cœur... une vraie bouffée de printemps qui parfume ma quarantaine... ma quarantaine en voyage... car, Dieu me pardonne, j'ai jeté un voile sur mes mois de nourrice.

JENNY, entrant à gauche, un plateau à la main.

Monsieur le comte...

LE COMTE.

Qu'y a-t-il?

JENNY.

Un monsieur demande madame la baronne de Livray.

LE COMTE.

N'avez-vous pas dit qu'elle est sortie?

JENNY.

Si, monsieur... mais il insiste pour voir mademoiselle. Voici sa carte.

LE COMTE, lisant la carte.

Oscar Despruniers... Vient-il souvent, ce M. Despruniers?

JENNY.

C'est la première fois.

LE COMTE.

Congédiez-le... Mademoiselle ne reçoit pas. (Jenny sort à gauche.) On est père de famille, ou on ne l'est pas.

Il met la carte dans sa poche.

SCÈNE VI

LE COMTE, BERTHE.

LE COMTE, *à Berthe, qui entre à droite.*

Eh bien! ces fameuses perles?

BERTHE.

Envolées!... Fondues!

LE COMTE.

Tant de désordre, si peu de mémoire, deux mauvais points sur le bulletin de l'élève Berthe de Livray.

BERTHE.

Si elle ne s'est pas corrigée, ce n'est pas faute d'avoir été punie. En ai-je collectionné des mauvais points à la pension! O géographie détestable! ô arithmétique détestée!

LE COMTE.

Ce n'est pas moi qui prendrai leur défense... Mais on a les arts d'agrément pour se consoler et se distraire... La musique... le dessin...

BERTHE.

Ah! oui... le dessin... Parlons-en, du dessin! Tenez, moi, pendant trois ans, j'ai copié Minerve et son casque. Toujours Minerve... jamais Apollon!

LE COMTE.

Mais la musique... Le piano...

BERTHE.

Deux heures de gammes, tous les matins, vous appelez ça de l'agrément. (*Allant au piano.*) Voulez-vous qu'on vous en procure, de l'agrément?

LE COMTE, avec effroi.

Non... merci... Bien obligé!

BERTHE.

Un art d'agrément, c'est l'équitation. Dominer, dompter plus fort que soi, quelle ivresse! Maman n'a pas voulu... Elle dit qu'il y a danger.

LE COMTE, ironique.

Vous oubliez l'escrime. Vous seriez à merveille l'épée à la main, avec un masque sur le visage, dans un assaut.

BERTHE, s'assied près de la table.

Vous vous moquez de moi... Vous avez raison... Quelle opinion aurez-vous de votre petite amie? c'est votre faute, aussi... Il ne fallait pas venir aujourd'hui.

LE COMTE, assis de l'autre côté de la table.

En quoi aujourd'hui diffère-t-il d'hier et de demain?

BERTHE.

Je suis agitée et nerveuse beaucoup plus qu'à mon ordinaire.

LE COMTE.

A quel propos mademoiselle a-t-elle sorti ses nerfs?

BERTHE.

Ça... c'est encore un secret.

LE COMTE.

Mettez que je n'ai rien dit.

BERTHE.

Mais des secrets, est-ce qu'on en a pour vous?

LE COMTE.

Cependant...

BERTHE.

Non... non... Je parlerai... Un confident m'est nécessaire. (Tragiquement.) J'ai besoin d'ouvrir mon âme!

LE COMTE.

Ouvrez-la donc; ouvrez-la vite, chère enfant.

BERTHE.

Il y a mariage sous roche.

LE COMTE.

Hein? vous dites?...

BERTHE.

Je dis qu'une demande en mariage est suspendue sur ma tête. Il paraît que j'ai inspiré une passion... mais une passion!... Ça vous étonne?

LE COMTE.

Pas du tout.

BERTHE.

Vous êtes trop poli pour dire le contraire... C'est afin de se renseigner sur le... candidat, que maman s'est mise en campagne.

LE COMTE.

Comment est-il fait de sa personne, le... candidat?

BERTHE.

Ni mieux, ni plus mal que le commun des mortels.

LE COMTE.

Sa fortune?

BERTHE.

Considérable.

LE COMTE.

Son nom?

BERTHE.

Ne remonte pas aux croisades.

LE COMTE.

Oh! il y en a si peu qui en descendent! Quel âge?

BERTHE.

Vingt-cinq ans.

LE COMTE.

La première entrevue a eu lieu?...

BERTHE.

A l'Opéra Comique.

LE COMTE.

C'était fatal... Et on jouait *la Dame Blanche*... C'était fatal! Après?

BERTHE.

A deux bals blancs.

LE COMTE.

On a valsé?

BERTHE.

Non. Il paraît que la valse c'est comme l'équitation... D'honnêtes quadrilles seulement.

LE COMTE.

Le candidat a-t-il de l'esprit?

BERTHE.

Jugez-en... « — mademoiselle... — monsieur... — Cette fête est renversante. Votre toilette est renversante. La chaleur est renversante. » Et avec ça, des: « vous me charmâtes, vous me troublâtes, vous m'ensorcelâtes. » Des prétérits définis, comme s'il en pleuvait.

LE COMTE, se levant.

Au cas où l'enquête maternelle lui serait favorable, qu'adviendrait-il?

BERTHE, se levant.

Alors commencerait la mienne, minutieuse et menée sévèrement, vous pouvez le croire. Non, jamais je n'admettrai qu'un inconnu entre dans une famille, comme on entre dans un bureau de tabac et s'en aille emportant une femme, comme on emporte un cigare!

LE COMTE.

Le procédé vous surprend?

BERTHE.

Il me révolte !

LE COMTE.

C'est pourtant ainsi qu'elle se joue à Paris la comédie conjugale, ma chère petite !

SCÈNE VII

LES MÊMES, JENNY.

BERTHE.

Que voulez-vous, Jenny ? Je n'ai pas sonné.

JENNY, *entrée à gauche.*

C'est un monsieur qui prie mademoiselle de le recevoir. Il est déjà venu, il y a un quart d'heure. Il avait demandé madame la baronne.

BERTHE.

Ce monsieur a-t-il dit son nom ?

JENNY.

Oui, mademoiselle. Il s'appelle Oscar Despruniers.

BERTHE.

Ah ! mon ami !

LE COMTE.

Vous le connaissez ?

BERTHE.

C'est lui... Le candidat.

LE COMTE.

Ah ! le causeur des bals blancs et Oscar Despruniers sont une seule et même personne ? *(A Jenny.)* Faites entrer. *(Jenny sort.)* Parbleu ! j'aurai un plaisir extrême à lui voir tirer son feu d'artifice spirituel !

SCÈNE VIII

OSCAR, LE COMTE, BERTHE, assise dans le grand fauteuil.

OSCAR, entré à gauche.

Mademoiselle Berthe de Livray daignera-t-elle me pardonner mon insistance?

LE COMTE, debout derrière le fauteuil.

C'est à vous, monsieur, de vous la faire pardonner et nous sommes persuadés que rien ne vous sera plus facile.

OSCAR.

Monsieur?...

Il salue.

BERTHE.

Le comte Régor, le meilleur ami de ma mère.

OSCAR.

A ce titre, j'imagine que monsieur le comte est instruit de mes visées ambitieuses.

LE COMTE.

En effet, monsieur, elles ne me sont pas inconnues.

D'un geste, il l'invite à s'asseoir.

OSCAR, assis.

Je puis donc parler devant monsieur le comte comme s'il n'était pas là.

LE COMTE.

Absolument... Et soyez assuré que malgré mon absence, je me fais une fête de vous entendre.

OSCAR.

Vous me confusionnez ; c'est trop de bonté. (Un temps.) Est-ce que je peux commencer?

LE COMTE.

Je vous en prie.

OSCAR.

Mademoiselle, je serai laconique non moins que véridique. Je vous vis... vous me charmâtes... vous me troublâtes : vous m'ensorcelâtes...

LE COMTE.

(Bas.) La pluie des prétérits... (Haut.) Vous dansâtes, vous causâtes et vous projetâtes une alliance avec mademoiselle de Livray.

OSCAR.

Exact... tout ce qu'il y a de plus exact.

BERTHE, railleuse.

Monsieur Despruniers, c'est bien de l'honneur que vous me fîtes.

OSCAR.

Oh ! mademoiselle, s'il m'était permis d'espérer une alliance conforme à mes vœux, tout l'honneur serait pour moi. J'ai pensé que madame votre mère devait être avide... avidité bien excusable... de se renseigner sur le compte de l'audacieux qui aspire à être son gendre. Entre nous, elle est bien jeune, madame votre mère... Enfin, tant mieux... tant mieux... nous la conserverons plus longtemps. Ces renseignements, je les lui apportais. Si j'ai osé forcer la consigne, c'est afin de les déposer à vos pieds, sans retard... car j'ai le regret de vous l'apprendre : mes minutes sont comptées... Je monte en vagon à quatre heures quarante... et vous savez : les chemins de fer, ce n'est pas comme les diligences... on n'attend pas les voyageurs.

LE COMTE.

Cette remarque est d'un esprit observateur et judicieux. Serions-nous menacés d'une longue absence ?

OSCAR.

Non, une courte absence. Le temps d'aller à Bruxelles

et d'y faire tomber quelques centaines de pigeons sous mes plombs meurtriers.

BERTHE.

Quel plaisir trouvez-vous à fusiller ainsi de pauvres petits pigeons ?

OSCAR.

Un plaisir doublé d'un bénéfice. Les petits pigeons font les grosses poules.

LE COMTE.

Oh ! très joli... très joli, et très fin !

BERTHE.

Trop fin pour moi.

OSCAR, bas.

Serait-elle bornée ?

BERTHE.

Singulière profession !

OSCAR.

Ce n'est pas une profession, mais un délassement qui joint l'utile à l'agréable... à cause des poules que je gagne neuf fois sur dix. (Bas.) Si elle ne comprend pas !

LE COMTE.

Neuf fois sur dix ! Aussi fort que Guillaume Tell !

OSCAR.

Toute fausse modestie à part, je suis classé parmi les grands fusils du XIXe siècle.

LE COMTE.

Cette arme dont vous faites un si vaillant usage a dû réaliser des prodiges, il y a trois ans.

OSCAR.

Je n'ai pas eu l'occasion de l'utiliser pendant la guerre.

BERTHE.

Tandis que mon père combattait et mourait en héros,

seriez-vous resté modestement dans vos pantoufles, monsieur Despruniers ?

OSCAR.

Oh! mademoiselle... Le supposer serait une injure... mais affligé d'une forte grippe, je fus dispensé du service militaire... ce qui ne m'a pas empêché de servir glorieusement ma patrie.

BERTHE.

Où l'avez-vous servie glorieusement votre patrie?... Dans les ambulances?

OSCAR, avec emphase.

Dans les sous-préfectures!... Je fus envoyé sur la frontière... sur l'extrême frontière.

BERTHE.

Dans le Bas-Rhin?

OSCAR.

Non.

BERTHE.

Dans la Moselle ?

OSCAR.

Dans les Pyrénées-Orientales.

BERTHE.

Extrême frontière, en effet... Mais frontière d'Espagne, monsieur Despruniers.

OSCAR.

Le ministre avait ordonné... le fonctionnaire devait obéir.

LE COMTE.

Sans murmurer... Et vous ne murmurâtes pas.

BERTHE.

Etes-vous toujours dans vos Pyrénées-Orientales ?

OSCAR, se levant.

Non, mademoiselle... J'en suis sorti... Il n'y a plus de Pyrénées.

LE COMTE.

Sans doute. Un ministre intelligent ne pouvait laisser Ovide moisir chez les Sarmates. Ovide a eu de l'avancement.

OSCAR, timidement.

Pas Ovide... Oscar.

LE COMTE.

Et notre sous-préfet a été appelé à un poste en rapport avec ses mérites.

BERTHE.

Où avez-vous été appelé, monsieur Despruniers ?

OSCAR.

Mon Dieu ! mademoiselle... j'ai été appelé... à d'autres fonctions.

BERTHE.

Quelles fonctions ?

OSCAR.

Je ne sais pas... on a négligé de me les faire connaître.

BERTHE.

Et vous vous consolez en massacrant de malheureux pigeons !

OSCAR, accoudé à la cheminée.

Pas tout le temps ! L'hiver, dans le monde chic, je conduis le cotillon... et on reconnaît que j'y excelle... Je joue la comédie et je figure dans les tableaux vivants, avec agrément, à ce qu'on assure. J'ai une part dans une chasse et un intérêt dans une écurie... je suis membre du comité de mon club et, quand vient la belle saison, je me divise entre Trouville, Dauville et Biarritz.

LE COMTE.

En réalité, cher monsieur, vous ne faites rien, et je vous en félicite. Le travail, c'est l'abaissement et la servitude. N'est-ce pas votre avis ?

OSCAR.

Tout à fait... ma fortune m'a heureusement permis d'échapper à cette servitude... une belle fortune dont j'use à ma guise, ayant eu le douloureux avantage de réaliser les auteurs de mes jours.

BERTHE.

Ah ! c'est un avantage ?

OSCAR.

Douloureux... j'ai dit douloureux, mademoiselle.

LE COMTE.

Il l'a dit... je constate qu'il l'a dit... il est plein de cœur, ce jeune homme... Où s'est enrichi monsieur votre auteur ? Dans la banque ? A la Bourse ?

OSCAR.

Dans l'exploitation des denrées coloniales.

BERTHE.

Il était épicier.

OSCAR.

En gros, mademoiselle... en très gros ! Quand elle acquiert des proportions si majestueuse, l'épicerie cesse d'être un négoce vulgaire... elle devient une force sociale.

LE COMTE.

Tiens ! Vous raisonnez comme Sully.

OSCAR.

Ce rapprochement m'honore.

BERTHE.

Rencontre naturelle de deux beaux esprits.

OSCAR.

Que disait-il, ce brave Sully ? Je ne me souviens pas très bien.

LE COMTE.

C'est de lui cet aphorisme économique : labourage, épicerie et pâturage sont les trois mamelles de la France.

OSCAR.

Je goûte cette définition... je la placerai.

LE COMTE.

Vous allez souvent au théâtre ; vous fûtes remarqué à la Comédie-Française.

OSCAR.

Oh ! Je n'en abuse pas... les machines en vers, je n'aime pas beaucoup ça. Mais j'ai ma stalle au cirque.

BERTHE.

Les jours de concert.

OSCAR.

Ces jours-là, jamais !

BERTHE

Vous fuyez les concerts !

OSCAR.

Pas tous ; ça dépend... ainsi, par exemple, j'aime bien le concert des ambassadeurs.

BERTHE.

Les ambassadeurs de quels pays ?

OSCAR.

Ceux des Champs-Elysées. On dîne en plein air et en musique... on fusionne au dessert... c'est très gai... vous verrez.

LE COMTE.

Comment ! Elle fusionnerait ! madame Despruniers fusionnera ?

OSCAR.

Oh ! je ne suis pas égoïste ! Quand je ferai la fête, ma femme la fera avec moi et nous la ferons souvent... le plus souvent possible.

BERTHE.

Le foyer domestique n'aura donc pas de charme pour vous ?

OSCAR.

Oh ! le foyer domestique... les dieux lares... les Pénates... le nid conjugal... c'est le vieux jeu, ça, mademoiselle. Je suis dans le mouvement, moi... je suis dans le train.

LE COMTE.

Eh ! oui... il est dans le train !

BERTHE.

A propos de train, ne craignez-vous pas de manquer celui de quatre heures quarante ?

OSCAR, consultant sa montre.

Soyez sans inquiétude... j'ai encore sept minutes à vous sacrifier.

BERTHE.

Non... pas de sacrifice. Allez retrouver vos pigeons et vos poules... vous voyez que j'ai fini par comprendre.

OSCAR.

C'est donc pour vous obéir... A bientôt, mademoiselle.

BERTHE.

Oh ! à bientôt... Et les accidents ? Vous comptez sans les accidents... Ils sont nombreux sur les voies ferrées.

OSCAR.

Pas sur celle du Nord.

BERTHE.

Raison de plus pour que ce soit son tour.

OSCAR, bas, au comte.

Est-ce un vœu qu'elle exprime ?

LE COMTE.

Voulez-vous bien chasser cette vilaine pensée !

OSCAR.

C'est qu'elle est froide...

LE COMTE.

Pensiez-vous qu'on se jetterait à votre cou ?

OSCAR.

Oh ! non ! A une première visite, ce n'eût pas été convenable. Si je fais la visite officielle, croyez-vous que je sois blackboulé ?

LE COMTE.

Il n'y a aucune apparence. D'où vous naît cette crainte chimérique ?

OSCAR.

Si j'avais ce désagrément, ce serait le cinquième. Bien renversante, n'est-ce pas, cette déveine ? En devinez-vous la cause ?

LE COMTE.

Non. Et vous ?

OSCAR.

Oh ! moi, j'ai renoncé à la chercher; j'en aurais perdu l'esprit.

LE COMTE.

Ah ! sapristi ! c'eût été dommage !

Oscar sort à gauche.

SCÈNE IX

LE COMTE, BERTHE.

BERTHE.

Enfin ! Le voilà parti... Sois béni, bienfaisant train de

quatre heures quarante ! Plutôt m'ensevelir dans un cloître, ou mourir vieille fille, que d'épouser ce conducteur de cotillon ou ses pareils... Nous causions si gentiment quand il est venu nous déranger !

LE COMTE.

Prétérit Ier ne réalise donc pas votre idéal ?

BERTHE.

Ni beaucoup, ni peu, ni pas du tout.

LE COMTE.

Et peut-on savoir comment est fait l'idéal de mademoiselle ? Ses moustaches sont-elles blondes ou brunes ? Ses yeux bleus ou noirs ?

BERTHE.

Ce sont-là, je vous assure, des points qui ne m'inquiètent guère. Ce que je souhaite avant tout, c'est que mon seigneur et maître ne tombe pas dans ma vie avec des façons d'aérolithe... L'inconnu me cause une vraie terreur... Pourquoi nous condamne-t-on à connaître si peu et si mal l'arbitre de notre destinée ? Quels sont ses goûts, ses habitudes, son humeur ? Comment ! pour le savoir, il faudra attendre que je lui sois à jamais enchaînée ? Est-ce juste, cela ? Vous pensez... vous êtes fondé à penser qu'il y a un grain de folie dans mon petit cerveau... Faites-moi la grâce de croire que j'ai, par ci, par là, des quarts d'heure raisonnables... Alors je réfléchis à ces choses... Et j'ai peur !

LE COMTE.

Chère Berthe, que j'aime à vous voir ainsi, sérieuse et sincère... Et combien j'excuse vos terreurs. Le mariage, c'est l'enfer pour quelques-uns, le purgatoire pour le plus grand nombre... Hélas ! ils sont rares ceux qui, à l'égal de votre père et de votre mère, montent tout droit dans l'azur du paradis conjugal !

BERTHE.

Alors c'est la crainte de l'enfer et du purgatoire qui vous a éloigné du mariage ?

LE COMTE.

Absolument.

BERTHE.

Je comprends... vous aviez votre idéal. . et vous ne l'avez pas rencontré.

LE COMTE.

Si !... une fois... il y a longtemps. Un plus heureux eut l'amour... je dus me contenter de l'amitié.

BERTHE.

Vous avez souffert ?

LE COMTE.

Cruellement... et je souhaite que pareilles souffrances vous soient épargnées.

BERTHE.

On doit donc craindre d'aimer ?

LE COMTE.

Ce n'est pas l'amour que je redoute pour vous. Tôt ou tard, demain peut-être, il fleurira dans votre cœur et vous grisera de son divin parfum. Celui que vous aimerez saura-t-il la cultiver, cette fleur délicate et précieuse qu'une douleur flétrit, qu'une larme fait mourir ?

BERTHE.

Cette larme, ce n'est pas vous qui la feriez couler...

LE COMTE.

Pour l'épargner à la femme aimée, j'eusse donné ma vie !

BERTHE.

Mesurés à votre taille, qu'ils sont petits, les jeunes d'à-présent, mon ami... mon bon ami Régor !

LE COMTE.

Pourtant, ce matin, la comparaison n'était pas à mon avantage...

BERTHE.

Soyez bon... n'évoquez pas un souvenir dont je suis confuse. Qu'étais-je, ce matin? une enfant... une enfant aveugle.

LE COMTE.

Et maintenant?

BERTHE.

Ne riez pas de ma présomption... je crois être... je suis une femme... et j'y vois clair.

LE COMTE.

Quel spectacle s'offre à ces beaux yeux ouverts ainsi par miracle?

BERTHE.

Un spectacle rempli d'enseignements... deux unions viennent d'être bénies et voici les mariées qui traversent l'église pleine de parfums, de fleurs et de lumières... L'une est au bras d'un jeune homme souriant et doucement rêveur. A quoi songe-t-il? A l'heure fortunée où il aura l'avantage... douloureux de réaliser ses beaux parents. L'autre épousée a pris pour mari un homme bien plus âgé qu'elle. Celui-là, du plus profond de son cœur, renouvelle le serment de se consacrer tout entier au bonheur de sa compagne tendrement, exclusivement aimée.

LE COMTE, *ému*.

Berthe... chère Berthe... que dites-vous? Que voulez-vous dire?

BERTHE.

Vous m'avez autorisée à vous ouvrir mon âme... Eh! bien! vous pouvez y lire comme dans un livre... elle n'a plus de secrets pour vous.

LE COMTE.

Cessez ce jeu, mon enfant; il est dangereux et cruel.

BERTHE,

Cruel? Il le serait si je disais autre chose que la vérité.

Il serait dangereux si je ne m'adressais à un honnête homme. Pourquoi douter de ma sincérité ? Est-ce que je doute de votre honneur ?

LE COMTE.

Mon honneur !... mais c'est à mon honneur que votre mère vous a confiée !

BERTHE.

Pour quelques heures seulement... c'est ma vie tout entière que je vous confie aujourd'hui.

LE COMTE, au comble de l'émotion.

Taisez-vous, Berthe... Par pitié, taisez-vous!

SCÈNE X

LES MÊMES, JENNY, entre à gauche.

JENNY.

Mademoiselle... mademoiselle...

BERTHE.

Qu'y a-t-il donc ?

JENNY.

C'est monsieur... monsieur des Pruneaux... Il a manqué le train. Il dit qu'il a vingt-quatre heures à sacrifier à mademoiselle.

BERTHE, au comte.

Lui ! Encore lui ! Congédiez-le et qu'il ne revienne plus !

LE COMTE.

Allez ! allez... et comptez sur moi.

Berthe sort au fond ; Jenny est sortie à gauche.

SCÈNE XI

OSCAR, LE COMTE.

LE COMTE.

Chère enfant ! Qu'ai-je dit qui ait pu la troubler ainsi ? Tu n'étais donc qu'endormi, vieux cœur que je croyais mort ! Allons ! allons ! j'ai un devoir à remplir et si douloureux qu'il soit, je n'y faillirai pas !

OSCAR, il entre à gauche.

Comprend-on ça ? Le train partait comme j'arrivais...

LE COMTE.

C'est renversant !

OSCAR.

Je suis accouru dare-dare... J'espère qu'on me saura gré de mon empressement... On a dû vous parler de moi... Est-on disposée en ma faveur ?

LE COMTE.

Combien d'échecs matrimoniaux avez-vous subis, mon pauvre monsieur Despruniers ?

OSCAR.

Quatre.

LE COMTE.

Disons cinq... Et n'en parlons plus.

OSCAR.

Eh ! quoi ! mademoiselle Berthe...

LE COMTE, sévèrement.

Mademoiselle de Livray, s'il vous plaît !

OSCAR.

Soit ! mademoiselle de Livray... Après ?

LE COMTE.

Elle vous prie de mettre un terme à vos visites.

OSCAR.

Bien invraisemblable, ce que vous dites là !

LE COMTE.

C'est la triste vérité.

OSCAR.

Ah ! c'est un coup bien rude... bien rude à recevoir...

LE COMTE.

Malgré l'habitude qu'on en peut avoir... On chantait ça il y a une quinzaine d'années.

OSCAR, après un silence, et menaçant.

Monsieur le comte Régor !

LE COMTE, très poli.

Monsieur Oscar Despruniers...

OSCAR.

Je lis dans votre jeu.

LE COMTE.

Qu'y voyez-vous ?

OSCAR.

Noirceur et trahison !

LE COMTE.

Du diable si je vous comprends.

OSCAR.

Vous me desservîtes... C'est clair.

LE COMTE.

Vous rêvez, cher monsieur.

OSCAR.

Vous ruinâtes ma candidature ; c'est évident.

LE COMTE.

Dans quel but ? Expliquez-vous.

OSCAR.

Pour assurer le succès de la vôtre. Ces façons sont-elles d'un gentilhomme ? (Solennel.) J'en appelle à tous les clubs de France !

LE COMTE.

D'honneur, monsieur, je ne conçois rien à ce grand courroux.

Berthe a entr'ouvert la porte du fond.

OSCAR.

Vous aimez mademoiselle de Livray !

BERTHE, à part.

Une querelle ! un duel !

LE COMTE, bas.

Elle écoute... Pas de faiblesse ! (Haut.) Pourquoi en ferais-je mystère ? Oui, je l'aime... je l'aime avec toutes les tendresses d'un père.

OSCAR.

Oh ! oh !... d'un père !

LE COMTE.

Je pourrais dire d'un aïeul... Mon âge m'y autorise

OSCAR.

Votre âge !... votre âge !

LE COMTE.

Sans doute... N'est-on pas grand-papa à soixante ans ?

OSCAR.

Soixante ans ! Vous avez soixante ans, vous !

LE COMTE.

Pas si fort, je vous prie... J'en avoue seulement quarante-neuf... Respectez ma faiblesse.

OSCAR.

Allons donc ! Un sexagénaire a-t-il ces yeux pleins d'éclat ?

LE COMTE.

Le gauche, principalement... Hélas ! s'il a l'éclat du verre, il en a la fragilité !

OSCAR.

Mais vos cheveux...

LE COMTE.

La chimie n'a pas de secrets pour mon valet de chambre... Moi, le mari de ma petite Berthe ? un joli cadeau à lui offrir ! (*Se laissant tomber dans le grand fauteuil.*) Ce n'est pas une femme qu'il me faut... c'est une garde-malade. Ces derniers mois, je les ai vécus dans ma chambre, souffrant le martyre, hurlant comme un damné .. Pour les dames, j'étais à Nice... Je me fie à votre discrétion ; ne me trahissez pas... (*Désignant la porte du fond que Berthe ferme aussitôt.*) Obligez-moi de fermer cette porte... Il souffle par là un méchant petit vent coulis qui me glace les oreilles... Et j'ai négligé de les emplir de coton, coquetterie de vieillard qui ne se résigne pas à vieillir.

OSCAR.

Elle était fermée... (*Bas.*) Et j'ai failli le provoquer ! Un duel avec lui... Aurais-je été ridicule ! (*Haut.*) Je vous fais mes excuses.

LE COMTE.

Je les accepte.

OSCAR.

Il y a une pharmacie près d'ici... Je vais vous faire porter quelque chose.

Il sort à gauche.

SCÈNE XII

LE COMTE, LA BARONNE, entre à droite.

LA BARONNE.

Qui donc sort de chez moi ? N'est-ce pas M. Despruniers ?

LE COMTE, se lève vivement.

Lui-même... Et il n'y rentrera pas. Berthe l'a congédié.

LA BARONNE.

Tant mieux ! Elle m'évite une exécution toujours pénible... Ah ! j'en ai appris de belles sur son compte ! Mais en voilà assez sur un si pauvre sujet... Eh bien ! avez-vous joué à la poupée avec ma fillette ?

LE COMTE.

Quand j'ai dit cette sottise, je ne connaissais pas mademoiselle de Livray.

LA BARONNE.

Alors on a causé... causé sérieusement.

LE COMTE.

J'ai eu ce très vif plaisir.

LA BARONNE.

De quoi a-t-on parlé ?

LE COMTE.

De tout... Et de beaucoup d'autres choses encore. (Avec feu.) Berthe est adorable... oui, adorable !

LA BARONNE.

Ah ! mon Dieu ! De quel ton vous me dites cela !

LE COMTE.

Parole d'honneur ! Pendant cinq minutes, j'ai été amoureux... amoureux fou ! Un vrai coup de soleil...

LA BARONNE, railleuse.

Soleil d'automne,... mon pauvre ami !

LE COMTE.

C'est le plus dangereux et le plus perfide.

LA BARONNE.

Il me plaît de penser que ma fille n'a pas eu soupçon de cet accès de folie.

SCÈNE XIII

LES MÊMES, BERTHE, entre au fond.

LA BARONNE.

J'apprends, ma chérie, que tu as exilé M. Despruniers.

BERTHE.

Ai-je eu tort ?

LA BARONNE.

Non... s'il ne te plaisait pas.

BERTHE.

Lui, pas plus qu'un autre ! Je ne veux pas me marier... Je n'aime personne... Jamais je ne me marierai... Vous entendez : Jamais ! jamais !!

LE COMTE.

Non, jamais... Un cloître... ou le bonnet de sainte Catherine... c'est convenu. Pourtant laissez-moi risquer une tentative suprême.

BERTHE.

Quelle tentative ?

LE COMTE.

Souffrez que je demande votre main à madame votre mère.

BERTHE.

Vous !

LA BARONNE.

Décidément, il est fou !

LE COMTE, *gravement.*

Chère baronne, j'ai l'honneur de vous demander la main de mademoiselle votre fille... ici présente .. pour mon neveu, le vicomte Gaston Régor, le jeune homme le plus charmant, le plus accompli qui soit !

LA BARONNE.

Votre neveu Gaston ?... Je le prends les yeux fermés.

BERTHE.

Pas moi. Je les ouvrirai tout grands... (*Bas, au comte.*) Les deux... le gauche aussi bien que le droit.

LA BARONNE.

Que dit-elle ?

LE COMTE.

Qu'il faut se garer des coups de soleil à mon âge.

BERTHE, *lui donne la main.*

Et au mien aussi, mon bon oncle Régor !

FIN

Imprimerie générale de Châtillon-sur-Seine. — A. PICHAT.

DERNIÈRES PIÈCES PUBLIÉES

Titre	fr. c.
Tabarin, o. 2 a.	1 »
Les petites Godin, c. 3 a.	2 »
Le Grand Mogol, opéra-bouffe, 4 a.	1 »
Le Chevalier Mignon, o. c. 3 a.	2 »
Babolin, o. c. 3 a.	2 »
Carnot, d. 5 a.	2 »
Ki-ki-ri-ki, japoniaiserie, 1 a.	1 »
Un mariage à la course, c. 3 a.	2 »
Jemmapes, d. 4 a.	2 »
Au bord du fossé, c. 1 a.	1 »
Un nuage dans un ciel bleu, c. v. 1 a.	1 50
La Pâquerette, c. 1 a. en v.	1 50
Pedro de Zalaméa, o. 4 a.	1 »
Fanfreluche, o. c. 3 a.	2 »
Maître et valets, c 1 a. en v.	1 »
Placet au roi, c. 1 a. en v.	1 50
Mam'zelle Réséda, opérette, 1 a.	1 50
On demande un quatorzième, v. 1 a.	1 50
L'ami d'Oscar, o. c. 1 a.	1 50
Gillette de Narbonne, o. c. 3 a.	2 »
Fanfan-la-Tulipe, o. c. 3 a.	2 »
Le cœur et la main, o. c. 3 a.	2 »
Il ne faut pas dire : fontaine... pièce 1 a.	1 »
L'amoureux dépit, opérette, 1 a.	1 »
Lorelley, lég. symph. en 3 parties	1 »
Les papillotes, c. 1 a. en vers	1 50
Les deux patries, d. 5 a.	1 »
L'oiseau de proie, d. 5 a.	2 »
Le tribut de Zamora, o. 4 a.	2 »
Racine à Port-Royal, c. 1 a.	1 »
La flamboyante, c. 3 a.	2 »
Manon, o. c. 5 a.	1 »
Corneille et Richelieu, c. 1 a. en vers	1 »
Diana, d. 5 a.	2 »
La dormeuse éveillée, o. c. 3 a.	2 »
Le roi de carreau, o. c. 3 a.	2 »
La nuit de noces de P. L. M., c. 1 a.	1 »
L'affaire de Viroflay, c. 3 a.	2 »
Les grands enfants, c. 3 a.	2 »
Saute Marquis ! o. c. 1 a.	1 »
Madame est jalouse, c. 1 a	1 50
Le cousin de Rosette, c. v. 1 a.	1 50
Kléber, d. 5 a.	2 »
L'heure du berger, c. v. 3 a	2 »
Les honnêtes femmes, c. 1 a.	1 50
Les Corbeaux, c. 4 a. (in-8)	4 »
Amhra ! d. 5 a. en v. (in-8)	4 »
La Navette, c. 1 a.	1 50
Henry VIII, o. 4 a.	1 »
Le droit d'aînesse, o.-b. 3 a.	2 »
Le Truc d'Arthur, c. 3 a.	2 »
Coquelicot, o. c. 3 a.	2 »
Galante Aventure, o. c. 3 a.	1 50
Marcel, d. 1 a. en v.	1 »
Suite de valses, c. 1 a.	1 »
Sardanapale, o. 3 a.	1 »
La 3,333e recette, pièce 1 a.	1 50
La faim, d. 1 a.	1 50
Hérodiade, o. 4 a.	1 »
Les Locataires de M. Blondeau, c. 5 a.	2 »
Les Mousquetaires au Couvent, o. c. 3 a.	2 »
La mascotte, o. c. 3 a.	2 »
Le lapin, c. 3 a.	2 »
L'article 7, c. 3 a.	1 »
L'oiseau bleu, o. c. 3 a.	2 »
Sigurd, o. 4 a.	1 »
Madame Boniface, o. c. 3 a.	2 »
La vie facile, c. 3 a.	2 »
Le bel Armand, c. 3 a.	2 »
Le Parisien, c. 3 a.	2 »
Madame Favart, o. c. 3 a	2 »
Les Boussigneul, v. 3 a.	2 »
Le bouquet de violettes, o. c. 1 a.	1 50
Le huis clos, c. 1 a.	1 50
Les Femmes qui fument, c. 1 a.	1 50
Mathias Corvin, o. c. 1 a.	1 »
Le consolateur, c. 1 a.	1 50
Les Parisiens en province, c. 4 a.	2 »
Le Téléphone, v. 1 a.	1 50
Honneur et Patrie, d. 5 a.	2 »
Les pommes d'or, opér. féerie, en 3 a. 12 tab.	2 »
Deux orages !, c. 1 a.	1 »
La princesse des Canaries, o. b. 3 a.	2 »
Le réveil de Vénus, c. 3 a.	2 »
L'irrésistible, c. 1 a.	1 50
La parole de Birbansac, c. 1 a.	1 50
Une aventure de Garrick, c. 1 a. en v.	1 50
Par procuration, c. 1 a.	1 »
L'indiscrète, c. 1 a.	1 50
Mimi-Pinson, v. op. 3 a.	2 »
Trois pierrots, v. 1 a.	1 50
Les fiançailles de M. Tom, c. 1 a.	1 »
La rue Bouleau, c. 3 a.	2 »
L'Amour Médecin, o. c. 3 a.	1 »
Nos députés en robes de chambre, c. 5 a.	2 »
Casse-Museau, d. 5 a.	2 »
La villa Blancmignon, c. 4 a.	2 »
Lequel ? c. 3 a.	1 »

Paris — Imprimerie G. Rougier et Cie, rue Cassette, 1.

www.ingramcontent.com/pod-product-compliance
Lightning Source LLC
LaVergne TN
LVHW050217180726
843501LV00013BA/2037

* 9 7 8 2 3 2 9 6 5 7 9 0 5 *